Natália Maccari

MEU PEQUENO
CATECISMO
DE INICIAÇÃO CRISTÃ

Paulinas

Direção-geral: *Flávia Reginatto*
Editora responsável: *Maria Inês Carniato*
Coordenação de revisão: *Andréia Schweitzer*
Revisão: *Ana Cecilia Mari e Patrizia Zagni*
Direção de arte: *Irma Cipriani*
Gerente de produção: *Felício Calegaro Neto*
Ilustrações e capa: *Soares*
Produção de arte: *Telma Custódio*

Revisado conforme a nova ortografia.

20ª edição – 2011
11ª reimpressão – 2024

Nenhuma parte desta obra poderá ser reproduzida ou transmitida por qualquer forma e/ou quaisquer meios (eletrônico ou mecânico, incluindo fotocópia e gravação) ou arquivada em qualquer sistema ou banco de dados sem permissão escrita da Editora. Direitos reservados.

Paulinas

Rua Dona Inácia Uchoa, 62
04110-020 – São Paulo – SP (Brasil)
Tel.: (11) 2125-3500
paulinas.com.br – editora@paulinas.com.br
Telemarketing e SAC: 0800-7010081

© Pia Sociedade Filhas de São Paulo – São Paulo, 1987

1. Deus criou tudo que existe

Vamos ler a Bíblia

O relato da criação – Gn 1,1-25.

Você já viu, pela televisão, o solo do planeta Marte? Já viu também a lua?

Vivemos em um planeta, no imenso universo, onde tudo é belo e perfeito! A Terra também é maravilhosa! Deus criou tudo que existe. Ele ama as criaturas, conhece-as e cuida de cada uma delas.

Deus conta conosco, as pessoas, para que o ajudemos a cuidar da Terra e do universo.

Vamos refletir e viver

1. Quem criou o universo, a Terra e nós, as pessoas?

   Quem tudo criou foi Deus, com seu amor e bondade.

2. O que Deus espera de nós?

   Deus espera que o ajudemos a cuidar da natureza, dos animais e de tudo que existe. Assim, a Terra irá se tornar a casa de Deus para todas as criaturas.

Vamos conversar e agir

Apresente-se ao grupo e diga o que você deseja fazer para cuidar de tudo o que Deus criou.

2. Somos pessoas parecidas com Deus

Vamos ler a Bíblia

A criação do ser humano: homem e mulher – Gn 1,26-31.

A Bíblia diz que Deus deu a nós toda a criação. Confiou em nós e convidou-nos a colaborar no cuidado das outras criaturas. Por que ele pediu isso só a nós, seres humanos? Porque somos as únicas criaturas parecidas com Deus. Somos pessoas. Isto é, temos inteligência, sentimento e liberdade, para conhecer, amar e tomar decisões.

Mas temos, também, capacidade de planejar, decidir e fazer a maldade e causar todo tipo de sofrimento. Isso é o pecado: um mistério que nos escraviza e faz sofrer.

Os animais, por exemplo, têm sentimentos. São nossos amigos, estimam-nos e até nos defendem. Porém não compreendem por que existem e sofrem injustamente, quando os maltratamos. Quando agem com violência, não é por crueldade, mas para se defender. Eles não cometem o pecado. São inocentes.

Se a natureza for destruída, os animais morrerão, mas eles não sabem disso e não têm inteligência nem liberdade para impedir que tal fato aconteça. Por isso, dependem de nós. Deus os colocou sob nossos cuidados, não só eles, mas toda a natureza.

Vamos refletir e viver

1. Por que somos semelhantes a Deus, nosso criador?

Somos semelhantes a Deus porque os outros seres da natureza são somente criaturas, enquanto nós somos pessoas.

2. Deus nos dotou de quê?

Deus nos dotou de inteligência, sentimento e liberdade para conhecê-lo, amá-lo e amar as pessoas e tudo que ele criou.

Vamos conversar e agir

Desenhe no caderno pessoas fazendo alguma coisa que mostre que elas estão ajudando Deus a cuidar de tudo e de todos. Depois apresente o desenho ao grupo e explique.

3. O batismo nos faz filhos e filhas de Deus

Vamos ler a Bíblia

Jesus é nosso irmão mais velho – Mt 28,16-20.

Jesus, o filho único de Deus, com sua morte e ressurreição, libertou-nos da escravidão do pecado e acolheu-nos como irmãos e irmãs. Por isso o Pai nos adotou como filhos e filhas.

O batismo é o sinal de que Deus está presente em nossa vida. A vida de Deus em nós chama-se graça santificante. É ela que nos dá força para vencermos o pecado e coragem para vivermos como Jesus viveu e ensinou. Pelo batismo, formamos a Igreja, família de Deus, e fazemos da Terra um lugar de vida para todos: a casa paterna de Deus para nós.

Jesus é nosso salvador. Isso significa que nos liberta do pecado e nos acolhe na vida feliz, com Deus e com todas as pessoas, após a nossa morte.

Vamos refletir e viver

1. O que acontece no batismo?

   No batismo, Jesus nos aceita como irmãos e irmãs e o Pai nos adota como filhos e filhas. Recebemos a graça, a libertação do pecado e a participação na Igreja.

2. Como é realizado o batismo?

   As palavras do batismo são aquelas que Jesus diz no Evangelho: "Em

nome do Pai, do Filho e do Espírito Santo". Quem batiza, derrama água na cabeça da pessoa que está sendo batizada e diz o nome dela unido ao nome de Deus. É o sinal de uma união que jamais acabará.

Vamos conversar e agir

1. Escreva no caderno uma conversa com Deus. Diga o que você sente por ele.
2. Peça aos seus familiares que lhe contem o que se lembram do dia em que foi batizado.

4. A Igreja é a comunidade dos que creem em Jesus Cristo

Vamos ler a Bíblia

A primeira comunidade cristã – At 2,42-47.

Formamos a comunidade cristã, quando vivemos na amizade com as pessoas que, como nós, creem em Jesus Cristo e procuram seguir o que ele ensinou. A grande comunidade dos batizados, unida pela fé, pelo amor e pela esperança, é a Igreja ou Povo de Deus, espalhada por toda a Terra. A palavra Igreja significa comunhão.

O desejo de Deus é que todas as pessoas do mundo formem uma família, que ninguém mais passe fome nem necessidade e que todos sejam respeitados e valorizados em sua cultura, etnia, crença e costumes, enfim, que vivam como irmãos e irmãs.

Vamos refletir e viver

1. O que é a Igreja?

   A Igreja é a comunidade dos que creem em Jesus Cristo e vivem seus ensinamentos.

2. Quando começamos a pertencer à comunidade cristã?

   Começamos a pertencer à comunidade cristã quando somos batizados.

3. De que modo podemos viver na comunidade cristã?

   Na comunidade cristã, podemos viver como irmãos e irmãs, porque, em

Cristo, Deus nos adotou por filhos e filhas.

Vamos conversar e agir

1. Qual a diferença entre "Vou à igreja" e "Pertenço à Igreja?".
2. O que fazem as comunidades cristãs que conhecemos?

5. Jesus, Filho de Deus, se fez igual a nós

Vamos ler a Bíblia

O nascimento de Jesus – Lc 2,1-20.

Há mais de dois mil anos, na cidade de Belém, na Judeia, nasceu Jesus. Seus pais, Maria e José, eram um casal de judeus que amava e servia a Deus com todo o coração.

Jesus é o Filho de Deus, que se tornou ser humano, como nós, e nos comunicou a maravilhosa notícia de que Deus nos ama como filhos e filhas.

Jesus mostrou, por sua vida e por seu ensinamento, que Deus quer toda a humanidade unida, na justiça, no diálogo, na solidariedade e no respeito mútuo, para que haja vida e paz para todos, na Terra.

Com a morte e a ressurreição, Jesus tornou-se Salvador da humanidade, isto é, libertou-nos do pecado e nos fez filhos e filhas adotivos de Deus e herdeiros da vida feliz, na eternidade.

Vamos refletir e viver

1. Quem é Jesus?

   Jesus é o Filho de Deus, que se tornou humano, como nós, morreu e ressuscitou, sendo, assim, nosso Salvador.

2. Onde nasceu Jesus?

Jesus nasceu em uma estrebaria, entre os animais, em Belém, na terra do povo judeu.

3. Quem é Nossa Senhora?

Nossa Senhora é a mãe de Jesus, Maria, esposa de José.

Vamos conversar e agir

1. Qual a grande notícia que o Filho de Deus veio comunicar?
2. Como Deus quer que nós vivamos?

6. Jesus também foi criança

Vamos ler a Bíblia

Jesus dialoga com os mestres da Bíblia – Lc 2,41-52.

Jesus viveu em Nazaré até mais ou menos 30 anos de idade. Foi educado pelo carpinteiro José e por Maria, sua mãe. Quando era criança, ia à escola e todos os sábados frequentava, com os pais, a sinagoga, que era o local de oração da comunidade judaica.

Desde criança, Jesus escutou e estudou a Bíblia, com muito amor e atenção. Podemos ver como os mestres de Jerusalém se admiraram do conhecimento que ele possuía aos 12 anos de idade.

Vamos refletir e viver

1. Onde Jesus passou a maior parte da vida?

   Em Nazaré, onde viveu cerca de trinta anos.

2. O que Jesus fazia em Nazaré?

   Em Nazaré, Jesus rezava, lia e escutava a Bíblia; trabalhava, era amigo das pessoas e ajudava quem dele precisasse.

Vamos conversar e agir

1. Desenhe a Bíblia no caderno e enfeite-a como quiser.

2. Escreva os nomes de pessoas que conhecem a Bíblia e praticam aquilo que ela ensina. Apresente seus trabalhos ao grupo.

7. Jesus, nosso mestre

Vamos ler a Bíblia

Jesus comunica o Evangelho – Mt 9,35-38.

Jesus veio ao mundo nos comunicar que todos somos filhos e filhas de Deus, e nos ensinar a viver como irmãos e irmãs.

Tudo o que Jesus fez e ensinou está escrito no Evangelho – palavra que significa boa notícia, novidade, boa-nova. O Evangelho é a Palavra de Deus, comunicada por Jesus e escrita pelas primeiras comunidades cristãs. Por isso faz parte da Bíblia.

Nossa vida é baseada nos ensinamentos de Jesus. Ele é nosso mestre e nós somos seus discípulos e discípulas. Aprendemos, por meio do Evangelho, a viver o que ele comunicou.

Vamos refletir e viver

1. O que Jesus nos comunicou?

   Jesus nos comunicou que Deus é nosso pai e que somos irmãos e irmãs.

2. Onde estão escritos os ensinamentos de Jesus?

   Os ensinamentos de Jesus estão escritos no Evangelho, palavra que significa boa notícia, novidade.

3. Quem escreveu o que Jesus disse e fez?

   Quem escreveu o que Jesus disse e fez foram os cristãos das primeiras comunidades. Nós os chamamos evangelistas: Mateus, Marcos, Lucas e João.

Vamos conversar e agir

1. Existe uma Bíblia em sua casa? Alguém a lê?

2. Converse com seus familiares a respeito do que você aprendeu hoje.

3. Escreva no caderno: Como deve viver a pessoa cristã?

8. Jesus, nosso libertador

Vamos ler a Bíblia

Jesus nos liberta do pecado e da morte – Jo 8,31-36.

Jesus nos comunica a vida de Deus e nos liberta do pecado: o ódio, a inveja, a mentira, o egoísmo, a injustiça, a ganância, a violência, enfim, todos os sentimentos e ações que nos prejudicam e os outros seres vivos.

Quando cremos em Jesus e nos deixamos guiar por sua palavra, tornamo-nos sempre mais semelhantes a ele: no amor, na justiça, no perdão, na partilha, na sinceridade... e assim, tornamo-nos sempre mais livres e felizes.

Jesus oferece a libertação, não só a cada pessoa, mas também à sociedade, ao mundo e a todas as criaturas.

Vamos refletir e viver

1. Do que Cristo nos liberta?

   De tudo o que nos prejudica e as demais criaturas de Deus.

2. Quais atitudes que nos fazem livres e felizes?

   As atitudes que Jesus viveu: o amor, a justiça, o perdão, a partilha...

Vamos refletir e agir

1. Quais os sinais de pecado que existem hoje?
2. Quais os sinais de libertação que existem em nosso meio?

9. Jesus foi trabalhador

Vamos ler a Bíblia

O filho do carpinteiro – Mt 13,53-57.

Jesus herdou a profissão de José: foi carpinteiro.

O trabalho é a forma de viver em sociedade, ajudar uns aos outros e ter o sustento diário.

A criança não pode só trabalhar. Sua principal tarefa é estudar e brincar. No entanto, ajudar os familiares em alguma atividade leve é uma forma de aprender e descobrir coisas novas.

No mundo desejado por Deus, as pessoas não devem explorar nem escravizar o próximo por meio do trabalho e ninguém pode acumular dinheiro e bens só para si, deixando os outros na necessidade.

Vamos refletir e viver

1. Jesus teve uma profissão?

   Sim. Jesus foi carpinteiro, a profissão de seu pai, José.

2. O que significa o trabalho, no mundo desejado por Deus?

   No mundo desejado por Deus, o trabalho significa a forma de ajudar--nos e compartilharmos os bens, sem injustiça nem exploração.

Vamos conversar e agir

1. Cole no caderno figuras de pessoas trabalhando. Escreva uma frase que mostre

como Deus quer o trabalho. Apresente sua arte ao grupo.
2. Entreviste seus familiares e veja o que o trabalho significa para eles.

10. Jesus nos ensinou a rezar

Vamos ler a Bíblia

A oração – Mt 6,7-15.

Rezar é comunicarmo-nos com Deus. Jesus conversava com o Pai de dia e de noite.

Os discípulos pediram que lhes ensinasse a rezar e ele ensinou o pai-nosso.

Na oração, agradecemos a Deus por sua bondade, pedimos perdão por nossas faltas e apresentamos a ele nossas dificuldades e desejos, com confiança, pois ele é nosso pai e está sempre pronto a compreender e ajudar.

Podemos rezar a todo momento e em qualquer lugar, tanto a sós, como em família, com amigos ou em comunidade.

Vamos refletir e viver

1. O que significa rezar?

   Rezar é comunicarmo-nos com Deus, com amor e confiança.

2. Onde e quando podemos rezar?

   Podemos rezar em qualquer lugar e a todo momento, a sós ou com outras pessoas.

3. Que oração Jesus nos ensinou?

   A oração que Jesus nos ensinou é o pai-nosso.

Vamos conversar e agir

Escreva o pai-nosso em seu caderno e enfeite-o como quiser. Apresente seu trabalho artístico ao grupo.

11. Jesus nos ensinou a amar

Vamos ler a Bíblia

O bom samaritano – Lc 10,25-37.

O grande mandamento de Jesus é o amor a Deus e aos irmãos e irmãs. Ele nos deu o exemplo, entregando sua vida por nós.

Demonstramos nosso amor ajudando as pessoas quando precisam e, também, cuidando de todos os seres da Criação, os animais, as plantas, a água e até a terra, o ar...

Vamos refletir e viver

1. Qual é o principal ensinamento de Jesus?

   O principal ensinamento de Jesus é o amor a Deus e às pessoas, como ele mesmo nos amou.

2. Como podemos demonstrar nosso amor?

   Demonstramos nosso amor ajudando e cuidando de todos os que precisam.

Vamos conversar e agir

1. Desenhe sua casa ou sua escola, não da forma que é, mas como você gostaria que fosse. Apresente ao grupo e explique seu trabalho.

2. Faça um gesto concreto de amor para três pessoas que você conhece.

3. Você tem animais ou plantas? Cuide deles com carinho.

12. Jesus nos ensinou a perdoar

Vamos ler a Bíblia

O filho pródigo – Lc 15,11-24.

A graça de Deus nos dá força para fazer coisas difíceis. Dentre elas, perdoar a quem nos magoa.

Muitas pessoas egoístas, orgulhosas e maldosas prejudicam os semelhantes e causam sofrimento e até morte.

É difícil perdoar essas pessoas, mas Jesus perdoou até aqueles que o mataram.

Nosso testemunho de perdão pode ajudar uma pessoa a refletir e a mudar de vida.

Vamos refletir e viver

1. O que Jesus fez para aqueles que o mataram?

   Jesus perdoou até aqueles que o mataram.

2. É difícil perdoar pessoas egoístas que nos fazem mal?

   Sim, é difícil perdoar, mas a graça de Deus nos fortalece.

Vamos conversar e agir

Escreva ou desenhe no caderno: o que precisamos perdoar e, ao mesmo tempo, transformar. Por exemplo, perdoar as pessoas egoístas, mas ajudá-las a perceber o erro e tornarem-se solidárias. Explique ao grupo seu trabalho.

13. Temos fraquezas e limites

Vamos ler a Bíblia

O fariseu e o publicano – Lc 18,9-14.

Todas as pessoas têm qualidades, mas têm também limites e fraquezas.

Às vezes, decidimos deixar-nos levar pelo comodismo, raiva, inveja, mentira, cobiça... e causamos sofrimento a nós e a quem vive conosco. Isso é consequência do pecado que habita em nós. Pode acontecer que até percamos a coragem de nos aproximar de Deus.

Precisamos confiar em Deus e pedir sempre a ajuda dele, para vencermos o mal em nós, na sociedade e no mundo. Ele está sempre pronto a perdoar.

Vamos refletir e viver

1. O que causa sofrimento a nós e aos outros e nos afasta de Deus?

   É o pecado que causa o sofrimento a nós e aos outros e nos afasta de Deus.

2. O que podemos fazer quando pecamos?

   Quando pecamos e nos arrependemos sinceramente, desejando reparar o mal que cometemos a alguém, podemos contar com a compreensão e a ajuda de Deus, para nos tornarmos mais fortes e não voltarmos a pecar em nossa vida.

Vamos conversar e agir

1. Faça uma oração pedindo a Deus perdão pelos seus pecados.
2. Escreva no caderno: qualidades e limites que você tem.

14. Vou primeiro reconciliar-me

Vamos ler a Bíblia

O perdão e a oferta – Mt 5,23-24.

Muitas vezes, nossos pensamentos, sentimentos, palavras e atitudes não estão de acordo com os ensinamentos de Jesus.

Porém, queremos manter a amizade com Jesus. Por isso, procuramos reatar o bom relacionamento com as pessoas e receber o perdão de Deus, pelo sacramento da reconciliação.

Vamos refletir e viver

1. O que acontece quando pedimos perdão a Deus?

   Quando nos arrependemos de coração e pedimos perdão a Deus, sentimos alegria e paz e tomamos a decisão de fazer somente o bem.

2. O que é arrependimento?

   Arrependimento é a tristeza por ter prejudicado e magoado alguém e nos afastado de Deus.

3. Jesus nos perdoa?

   Sim, Jesus nos perdoa porque nos ama e compreende. Mas ele espera que também perdoemos sempre a quem nos magoa e depois nos pede perdão.

Vamos conversar e agir

Converse com os colegas e escreva no caderno coisas que as pessoas fazem e que as afastam de Deus e dos irmãos e irmãs.

15. Jesus deu a vida por nós

Vamos ler a Bíblia

Jesus assume o sofrimento e a morte – Lc 18,31-34.

Durante sua vida no meio de nós, Jesus deu-nos o maior testemunho de amor: curou doentes, consolou aflitos, perdoou pecadores, acolheu crianças, denunciou injustiças, anunciou o Reino e chamou a atenção dos egoístas para que mudassem de vida.

Por causa disso, atraiu sobre si a ira dos poderosos daquela época. Foi preso, crucificado e morto. Deu a vida pela verdade e por todos nós. Mas ressuscitou, vencendo a morte, para que possamos, com ele, ressuscitar para a vida eterna.

Vamos refletir e viver

1. De que forma Jesus morreu?

   Jesus morreu pregado numa cruz.

2. Quando celebramos a morte de Jesus?

   Celebramos a morte de Jesus na Sexta-feira Santa e em cada missa.

3. O que é Redenção?

   Redenção é o fato de Jesus morrer e ressuscitar, para libertar-nos do pecado e compartilhar conosco a vida feliz junto de Deus.

Vamos conversar e agir

1. Quais as atitudes de Jesus que você mais admira e quer praticar?
2. Você já ouviu falar de pessoas que morreram lutando por libertação? Quem são elas?

16. Jesus ressuscitou

Vamos ler a Bíblia

A ressurreição – Lc 24,1-12.

No terceiro dia depois da morte, Jesus saiu vivo e glorioso do túmulo, para viver eternamente. Por isso, podemos habitar esta terra como ressuscitados, vencendo o pecado, e após a morte, entraremos, com ele, na vida eterna.

Recordamos a ressurreição de Jesus uma vez por ano, no domingo de Páscoa e também todos os dias, na celebração da missa. Todos os domingos as comunidades cristãs se reúnem para a missa festiva que celebra a ressurreição de Jesus.

Vamos refletir e viver

1. Em que dia Jesus ressuscitou?

   Jesus ressuscitou no domingo de Páscoa.

2. Nós também ressuscitaremos?

   Sim. Nós também ressuscitaremos e viveremos no céu para sempre.

Vamos conversar e agir

1. O que significa a frase: a ressurreição começa já nesta terra?
2. Na sociedade atual, há sinais de que Jesus venceu o pecado pela ressurreição?

17. Continuamos a missão de Cristo

Vamos ler a Bíblia

Os apóstolos são testemunhas de Jesus – Lc 24,36-49.

Jesus ressuscitado, antes de voltar para junto do Pai, deu aos discípulos uma missão: que fossem por todo o mundo e comunicassem o Evangelho. Assim, formou-se a Igreja.

No dia de Pentecostes, os discípulos receberam o Espírito Santo e se tornaram apóstolos: começaram a comunicar às pessoas o que haviam aprendido de Jesus.

Hoje, todos somos convidados a continuar a missão de Cristo.

Vamos refletir e viver

1. A quem Jesus deixou a missão de comunicar o Evangelho?

   Jesus deu a todos os batizados a missão de comunicar o Evangelho.

2. Quando os discípulos receberam o Espírito Santo?

   Os discípulos receberam o Espírito Santo no dia de Pentecostes.

Vamos conversar e agir

1. Há pessoas, hoje, que levam a sério a missão que Jesus deixou? Quem são elas?
2. De que forma eu posso ser, hoje, apóstolo ou apóstola de Jesus Cristo?

18. Na missa, o sacerdote faz o que Jesus fez na ceia

Vamos ler a Bíblia

A última ceia – Mc 14,22-25.

Na Quinta-feira Santa, reunido com os discípulos ao redor da mesa, Jesus transformou o pão em seu corpo e o vinho em seu sangue.

Na missa, no momento da consagração, o sacerdote repete os mesmos gestos e as mesmas palavras daquela Ceia: assim o pão e o vinho se tornam corpo e sangue de Jesus.

Depois, distribui a comunhão, e assim todos participamos da mesa de Jesus e da mesa dos irmãos.

Vamos refletir e viver

1. Que palavras Jesus disse na Ceia?

   As palavras de Jesus na última ceia foram: "Tomai e comei todos vós: isto é o meu corpo, que é dado por vós. Tomai e bebei todos vós: este é o cálice do meu sangue, da Nova Aliança, que é derramado por vós. Fazei isto para celebrar minha memória".

2. O que faz o sacerdote na missa, no momento da consagração?

   Na missa, no momento da consagração o sacerdote faz o mesmo que Jesus na Ceia: transforma o pão no corpo e o vinho no sangue de Jesus.

Vamos conversar e agir

1. Desenhe no caderno os símbolos da eucaristia, isto é: do corpo e do sangue de Jesus.

2. Entreviste seus familiares e pergunte se fizeram a primeira eucaristia e o que se lembram dessa data.

19. Participei da Ceia do Senhor

Vamos ler a Bíblia

Paulo recomenda aos cristãos que participem da Ceia do Senhor – 1Cor 11,23-26.

Desde o início até hoje, as comunidades cristãs celebram a Ceia do Senhor, a missa.

Na missa, Jesus Cristo, representado pelo sacerdote, preside a oferenda e a ação de graças de toda a Criação ao Pai e nos une a si mesmo, pela comunhão.

A proclamação e a escuta da Palavra de Deus, na missa, fazem-nos ser discípulos e discípulas de Jesus e compreender o projeto de Deus para nós.

Vamos refletir e viver

1. O que nos torna discípulos e discípulas de Jesus?

   O que nos torna discípulos e discípulas de Jesus é a escuta e a prática de sua Palavra.

2. Quem é o sacerdote?

   O sacerdote é o representante de Jesus Cristo, que preside a ação de graças ao Pai, em nome de todos nós.

Vamos conversar e agir

1. Você se lembra de alguma missa especial, que mais marcou sua memória? Conte ao grupo.

2. Para você, o que significa ter Jesus como mestre e viver em comunhão com ele?

20. Uma nova etapa de minha vida

Vamos ler a Bíblia

Jesus nos convida a viver em comunhão com ele – Jo 15,1-8.

Quem se une a Jesus ressuscitado, pela eucaristia, recebe dele a graça e a força para viver e testemunhar a fé.

Jesus se compara a uma videira, da qual nós somos os ramos. Ele quer que demos frutos belos, saborosos e nutritivos como as uvas.

O que são esses frutos? São nossas atitudes de amor, bondade, serviço, perdão, solidariedade, enfim, tudo aquilo que traz vida e alegria para nós e para quem vive conosco.

Vamos refletir e viver

1. A que Jesus nos convida?

   Jesus nos convida a viver em comunhão com ele, como ramos unidos a uma árvore.

2. Quais os frutos que podemos produzir?

   Os frutos que podemos produzir são as atitudes cristãs, que trazem vida e alegria para nós e para quem vive conosco.

Vamos conversar e agir

1. Desenhe no caderno uma videira com cachos de uva. Em cada cacho, escreva

uma atitude cristã que você quer praticar em sua vida.
2. Apresente seu trabalho ao grupo e aprecie os trabalhos dos colegas.

21. A força da fé vem da comunidade

Vamos ler a Bíblia

Jesus nos quer unidos no amor – Jo 15,12-17.

O maior ensinamento de Jesus é o amor fraterno.

Vivendo e compartilhando nossa vida na comunidade, temos força para manter viva nossa fé e servir a quem precisa, em comunhão com os irmãos e as irmãs. É na comunidade que as pessoas percebem o testemunho dos discípulos e discípulas de Cristo.

Vamos refletir e viver

1. Qual a força que une a comunidade cristã?

   A força que une a comunidade cristã é o amor fraterno.

2. Qual o testemunho que a comunidade dá ao mundo?

   O testemunho que a comunidade dá ao mundo é o serviço aos necessitados e a prática dos ensinamentos de Jesus.

Vamos conversar e agir

1. Escreva uma canção conhecida, que fale de Jesus.

2. Faça um desenho de como você imagina uma comunidade cristã.

22. Jesus é o caminho para a casa do Pai

Vamos ler a Bíblia

Jesus nos convida a ocupar o lugar que preparou para nós – Jo 14,1-6.

Após a morte e a ressurreição, Jesus voltou para o Pai e, ao mesmo tempo, permanece conosco na Terra, para sempre.

Quando tivermos completado nosso tempo de vida terrena e realizado o projeto de Deus para nós, construindo o mundo novo que

Deus deseja, chegaremos à morada de Deus. A morte é o encontro com Deus e com as pessoas que foram para o Céu antes de nós.

Vamos refletir e viver

1. Jesus ressuscitado está somente no céu?

   Jesus ressuscitado está no Céu, junto do Pai e está também conosco, na Terra, até o fim dos tempos.

2. O que Jesus prometeu aos discípulos e a nós?

   Jesus prometeu preparar-nos num lugar na casa do Pai e conduzir-nos até aí, sendo, ele mesmo, nosso caminho.

Vamos conversar e agir

1. Escreva a respeito de pessoas que você conheceu e que já estão com Deus no Céu.
2. Procure lembrar o bem que essas pessoas fizeram durante a vida.

23. O Espírito Santo nos dá força para seguirmos Jesus

Vamos ler a Bíblia

Jesus prometeu enviar-nos o Consolador – Jo 16,12-15.

Os discípulos ficaram muito deprimidos ao saberem que Jesus iria morrer. Então, ele prometeu enviar outro companheiro, que jamais se separaria de nós, o Espírito Santo.

No dia de Pentecostes, os apóstolos foram revestidos da força do Espírito Santo e se encheram de coragem para comunicar o Evangelho.

No batismo e na crisma, nós também recebemos o Espírito de Deus, nosso companheiro inseparável. Ele faz morada em nosso coração e jamais nos abandona. Inspira-nos e nos dá coragem nos momentos difíceis, para seguirmos Jesus, no amor e no serviço.

Vamos refletir e viver

1. O que aconteceu no dia de Pentecostes?

   No dia de Pentecostes, o Pai enviou o Espírito Santo aos apóstolos e a Maria, reunidos no cenáculo.

2. O que o Espírito Santo faz em nós?

   O Espírito Santo vive em nós e nos santifica, dá-nos força para seguirmos Jesus, inspira-nos nas decisões, conforta nos sofrimentos e jamais nos abandona.

3. Quando recebemos o Espírito Santo?

   Recebemos o Espírito Santo no batismo e confirmamos nossa decisão de deixar-nos guiar por ele, por meio da crisma.

Vamos conversar e agir

1. Procure lembrar algum fato em que você sentiu a inspiração e a força do Espírito Santo.
2. Lembre-se de pessoas que, na sua opinião, agem guiadas pelo Espírito Santo.

24. A Santíssima Trindade habita em nós

Vamos ler a Bíblia

O apóstolo Paulo nos revela que Deus Trindade vive em nós – 2Cor 13,11-13.

Deus é um só, porém seu ser é tão rico, intenso e completo, que se expressa em três pessoas: Pai, Filho e Espírito Santo.

O apóstolo Paulo, ao saudar a comunidade cristã de Corinto, formula o desejo de que a Trindade viva em cada pessoa que segue Jesus. Isso é real também hoje, para nós.

É por meio da oração, do amor, da meditação da Palavra de Deus e do relacionamento com as pessoas que nos damos conta da presença de Deus em nós e passamos a viver felizes, porque cada momento de nossa vida se torna repleto de significado.

Vamos refletir e viver

1. Quem é a Santíssima Trindade?

   A Santíssima Trindade é o Deus único em três pessoas: Pai, Filho e Espírito Santo.

2. A Santíssima Trindade habita em nós?

   Sim. A Santíssima Trindade habita em nós e traz felicidade e sentido para nossa vida.

Vamos conversar e agir

1. Escreva o que você deseja dizer a Deus Pai, Filho e Espírito Santo, que habita em seu coração.

2. Diga aos colegas qual o sentimento mais forte que você levará para a vida, após este tempo de catequese.

Renovação das promessas do batismo

(Pe. Joaquim Netto)

O que é a renovação das promessas do batismo?

Quando fomos batizados, nossos pais e padrinhos prometeram educar-nos na fé e no seguimento de Jesus. Agora que já somos capazes de tomar decisões, podemos assumir pessoalmente os compromissos do batismo. Por isso, renovamos as promessas que foram feitas em nosso nome.

*

Padre – Prometem seguir o que Jesus nos ensinou?

Catequisandos – Prometo.

Padre – O que Jesus nos ensinou está contido no *Credo*. Vamos rezá-lo (ver orações cristãs).

Padre – Prometem seguir os ensinamentos da Igreja Católica Apostólica Romana?

Catequisandos – Prometo.

Padre – Prometem rezar todos os dias e dialogar com Deus em seus corações?

Catequisandos – Prometo.

Padre – Prometem observar os mandamentos de Deus e da Igreja?

Catequisandos – Prometo.

Padre – Prometem confiar na graça de Deus e esforçarem-se para evitar todo pecado?

Catequisandos – Prometo.

Padre – Após termos expressado nosso desejo de seguir os ensinamentos de Jesus e viver em sua graça, vamos confiar-nos a Maria, sua e nossa mãe, para que ela nos acompanhe e ajude por toda a nossa vida.

Catequisandos – Ó minha senhora e minha mãe, eu me ofereço inteiramente a vós e, em prova de minha devoção para convosco, consagro-vos, neste dia, meus olhos, meus ouvidos, meu coração e todo o meu ser. E já que vos pertenço, ó incomparável mãe, guardai-me e defendei-me como propriedade vossa. Amém.

ORAÇÕES CRISTÃS

CREIO – Creio em Deus Pai Todo-Poderoso, criador do céu e da terra; e em Jesus Cristo, seu único Filho, Nosso Senhor; que foi concebido pelo poder do Espírito Santo; nasceu da Virgem Maria, padeceu sob Pôncio Pilatos, foi crucificado, morto e sepultado; desceu à mansão dos mortos; ressuscitou ao terceiro dia; subiu aos céus, está sentado à direita de Deus Pai Todo-Poderoso, donde há de vir a julgar os vivos e os mortos. Creio no Espírito Santo, na santa Igreja Católica, na comunhão dos santos, na remissão dos pecados, na ressurreição da carne, na vida eterna. Amém.

PAI-NOSSO – Pai nosso, que estais nos Céus, santificado seja o vosso nome, venha a nós o vosso Reino, seja feita a vossa vontade, assim na Terra como no Céu. O pão nosso de cada dia nos dai hoje; perdoai-nos as nossas ofensas assim como nós perdoamos a quem nos tem ofendido. Não nos deixeis cair em tentação. Mas livrai-nos do mal. Amém.

AVE-MARIA – Ave, Maria, cheia de graça, o Senhor é convosco; bendita sois vós entre as mulheres e bendito é o fruto do vosso ventre, Jesus. Santa Maria, Mãe de Deus, rogai por nós, pecadores, agora e na hora de nossa morte. Amém.

GLÓRIA-AO-PAI – Glória ao Pai, ao Filho e ao Espírito Santo. Como era no princípio, agora e sempre. Amém.

SALVE-RAINHA – Salve, Rainha, Mãe de Misericórdia, vida, doçura e esperança nossa, salve! A vós bradamos, os degredados filhos de Eva. A vós suspiramos, gemendo e chorando neste vale de lágrimas. Eia, pois, advogada nossa, esses vossos olhos misericordiosos a nós volvei, e depois deste desterro mostrai-nos Jesus, bendito fruto do vosso ventre, ó clemente, ó piedosa, ó doce sempre Virgem Maria.

Rogai por nós, Santa Mãe de Deus.

Para que sejamos dignos das promessas de Cristo.

ATO DE FÉ – Eu creio firmemente que há um só Deus, em três pessoas realmente distintas, Pai, Filho e Espírito Santo; que oferece a conversão e a salvação a todos os que nele confiam.

Creio que o Filho de Deus se fez homem, padeceu e morreu na cruz para salvar, e que ao terceiro dia ressuscitou.

Creio no Espírito Santo e em tudo o mais que crê e ensina a santa Igreja Católica,

Apostólica, Romana, porque Deus, verdade infalível, lho revelou. E nesta crença quero viver e morrer.

ATO DE ESPERANÇA – Eu espero, meu Deus, com firme confiança, que, pelos merecimentos de meu Senhor Jesus Cristo, me dareis a salvação eterna e as graças necessárias para consegui-la, porque vós, sumamente bom e poderoso, o haveis prometido a quem observar fielmente os vossos mandamentos, como eu proponho fazer com vosso auxílio.

ATO DE CARIDADE – Eu vos amo, meu Deus, de todo o meu coração e sobre todas as coisas, porque sois infinitamente bom e amável. Por amor de vós amo meu próximo como a mim mesmo.

ATO DE CONTRIÇÃO – Senhor meu, Jesus Cristo, Deus e homem verdadeiro, Criador e

Redentor meu, por serdes vós sumamente bom e digno de ser amado sobre todas as coisas, e porque vos amo e estimo, pesa-me, Senhor, de todo o meu coração, por vos ter ofendido; pesa-me também por ter me afastado de vós. Proponho firmemente, com o auxílio de vossa divina graça, emendar-me e nunca mais vos tornar a ofender, e espero alcançar o perdão das minhas culpas, pela vossa infinita misericórdia. Amém.

ATO DE CONTRIÇÃO BREVE – Meu Deus, eu me arrependo de todo o coração de vos ter ofendido, porque sois bom e amável. Prometo, com a vossa graça, nunca mais pecar. Meu Jesus, misericórdia!

MANDAMENTOS DA LEI DE DEUS

Os mandamentos da lei de Deus são dez:

1º Amar a Deus sobre todas as coisas.
2º Não tomar seu santo nome em vão.

3º Guardar os domingos e festas.
4º Honrar pai e mãe.
5º Não matar.
6º Não pecar contra a castidade.
7º Não furtar.
8º Não levantar falso testemunho.
9º Não desejar a mulher do próximo.
10º Não cobiçar as coisas alheias.

MANDAMENTOS DA IGREJA

Os mandamentos da Igreja são cinco:

1º Participar da missa inteira aos domingos e festas de guarda e abster-se de trabalho.
2º Confessar-se ao menos uma vez por ano.
3º Receber o sacramento da eucaristia ao menos pela Páscoa da ressurreição.
4º Jejuar e abster-se de carne, conforme manda a Santa Igreja.
5º Ajudar a Igreja em suas necessidades.

SACRAMENTOS

Os sacramentos da Igreja são sete:

1º Batismo.
2º Confirmação.
3º Eucaristia.
4º Penitência.
5º Unção dos Enfermos.
6º Ordem.
7º Matrimônio.

PREPARAÇÃO PARA A CONFISSÃO

Antes do exame de consciência – Senhor Jesus, aqui estou, diante de vós, para vos pedir a graça de preparar-me bem para a confissão. Fazei-me lembrar todos os meus pecados. Arrependo-me e desejo confessá-los com toda sinceridade para obter o perdão. Prometo, com vossa graça, ser melhor daqui por diante.

Exame de consciência

Deus quer que o amemos de todo o coração e sobre todas as coisas.

Esforcei-me para agradar a Deus, dialogar com ele, oferecer-lhe tudo? Pronunciei o nome de Deus com respeito? Falei com Deus todos os dias, na oração? Agradeci a Deus os benefícios que me concedeu? Participei da missa aos domingos e dias santos?

Deus quer que amemos e respeitemos as pessoas que vivem conosco.

Demonstrei amor a minha família e às outras pessoas? Recusei fazer algum favor que meus familiares me pediram? Faltei com o respeito, em casa, com os adultos, maltratei os irmãos menores? Comportei-me de modo adequado na escola e em outros ambientes? Tratei com respeito e delicadeza os colegas, ou briguei, fui egoísta, critiquei, agredi, inventei mentiras para prejudicar alguém?

Rezo o ato de contrição. Não terei medo nem vergonha de me confessar ao padre. É com Jesus mesmo que eu converso a respeito de minhas fraquezas, pois o padre representa Jesus.

Confissão

Quando chego diante do padre, ele diz: "O Senhor esteja em teu coração e em teus lábios para que confesses bem os teus pecados. Em nome do Pai, do Filho e do Espírito Santo".

Eu faço o sinal da cruz e respondo: "Amém".

Digo os meus pecados. Depois escuto com atenção os conselhos do padre e a penitência que ele vai me sugerir. Por fim, rezo o ato de contrição; o padre me absolve do pecado, traçando sobre mim o sinal da cruz, e me despede em paz.

Depois da confissão

Agradeço a Deus pelo perdão dos meus pecados e rezo: "Senhor Jesus, quanto sois bom!

Tivestes misericórdia de mim e me perdoastes, pelo sacramento da confissão! Muito vos agradeço! Prometo-vos confiar em vossa graça e empregar todos os esforços para não mais vos ofender voluntariamente. Abençoai este meu desejo e dai-me força para cumpri-lo. Amém".

PREPARAÇÃO PARA A COMUNHÃO

Antes da comunhão

Ato de fé – Senhor Jesus, eu creio que estais presente na eucaristia, que é vosso corpo e vosso sangue.

Ato de adoração – Senhor Jesus, eu vos adoro na eucaristia e vos reconheço por meu Criador, Redentor e Senhor, meu único e eterno bem.

Ato de esperança – Senhor Jesus, espero que, dando-vos a mim neste divino sacramento, tereis misericórdia para comigo e me dareis também a graça da salvação.

Ato de humildade – Senhor Jesus, eu não sou digno de que entreis em minha morada, mas dizei uma só palavra e serei salvo.

Após a comunhão

Depois da comunhão, não abro o livro imediatamente. Abaixo a cabeça e falo com Jesus, assim como costumo falar com pessoas amigas e queridas. Em seguida, rezo:

Ato de oferecimento – Senhor Jesus, vós vos entregastes a mim e eu me entrego inteiramente a vós: ofereço-vos meu coração, minha inteligência, minha liberdade e toda a minha vida, para que vivais em mim agora e para sempre!

Ato de esperança – Senhor Jesus, estais presente em meu coração. Espero nunca me separar de vós. Sei que ficareis sempre comigo e em mim. Também eu, por vossa graça, estarei sempre convosco e em vós.

Ato de caridade – Senhor Jesus, eu vos amo de todo o meu coração e desejo amar-vos cada vez mais. Fazei que eu vos ame sobre todas as coisas e a meu próximo como a mim mesmo.

Ato de súplica – Senhor Jesus, dai-me todas as graças de que eu preciso. Peço-vos também pelas pessoas que amo, por aquelas que conheço e, ainda, pelas que não conheço: todos os filhos e filhas de Deus que estão na terra ou que passam, neste momento, para a eternidade.

MODO DE REZAR O ROSÁRIO

Em nome do Pai, do Filho e do Espírito Santo. Amém.

OFERECIMENTO – Jesus, Divino Mestre, eu vos ofereço este terço que vou rezar, contemplando os mistérios da redenção. Concedei-me, pela intercessão de Maria, vossa Mãe Santíssima, a quem me dirijo, as virtudes que me são necessárias para bem rezá-lo e as graças que sabeis serem necessárias para mim.

MISTÉRIOS GOZOSOS (da alegria) – (Rezam-se às segundas-feiras e aos sábados)

Após a recitação de cada mistério, rezam-se o pai-nosso, dez ave-marias e o glória-ao-pai.

No primeiro mistério gozoso contemplamos a anunciação do Arcanjo São Gabriel a Nossa Senhora.

No segundo mistério gozoso contemplamos a visita de Nossa Senhora a sua prima, santa Isabel.

No terceiro mistério gozoso contemplamos o nascimento de Jesus na gruta de Belém.

No quarto mistério gozoso contemplamos a apresentação de Jesus ao templo e a purificação de Maria.

No quinto mistério gozoso contemplamos Jesus perdido e encontrado no templo, em Jerusalém.

MISTÉRIOS LUMINOSOS (da luz) – (Rezam-se às quintas-feiras)

Após a recitação de cada mistério, rezam-se o pai-nosso, dez ave-marias e o glória-ao-pai.

No primeiro mistério da luz contemplamos o batismo de Jesus nas águas do rio Jordão.

No segundo mistério da luz contemplamos o primeiro milagre de Jesus, nas bodas de Caná.

No terceiro mistério da luz contemplamos a pregação de Jesus, que comunica a boa notícia do Reino de Deus.

No quarto mistério da luz contemplamos a transfiguração de Jesus no monte Tabor.

No quinto mistério da luz contemplamos a última ceia de Jesus e o mistério da eucaristia.

MISTÉRIOS DOLOROSOS (da dor) – (Rezam-se às terças e sextas-feiras)

Após a recitação de cada mistério, rezam-se o pai-nosso, dez ave-marias e o glória-ao-pai.

No primeiro mistério doloroso contemplamos a agonia de Jesus no horto das Oliveiras.

No segundo mistério doloroso contemplamos Jesus açoitado por ordem de Pilatos.

No terceiro mistério doloroso contemplamos Jesus coroado de espinhos.

No quarto mistério doloroso contemplamos Jesus carregando a cruz até o monte Calvário.

No quinto mistério doloroso contemplamos a crucifixão e a morte de Jesus na cruz.

MISTÉRIOS GLORIOSOS (da glória) – (Rezam-se aos domingos e quartas-feiras)

Após a recitação de cada mistério, rezam-se o pai-nosso, dez ave-marias e o glória-ao-pai.

No primeiro mistério glorioso contemplamos a ressurreição de Jesus Cristo, Nosso Senhor.

No segundo mistério glorioso contemplamos a ascenção de Jesus Cristo ao céu.

No terceiro mistério glorioso contemplamos a vinda do Espírito Santo sobre Nossa Senhora e os apóstolos.

No quarto mistério glorioso contemplamos a assunção de Nossa Senhora ao céu.

No quinto mistério glorioso contemplamos a coroação de Nossa Senhora como Rainha do céu e da terra.

Paulinas

Rua Dona Inácia Uchoa, 62
04110-020 – São Paulo – SP (Brasil)
Tel.: (11) 2125-3500
paulinas.com.br – editora@paulinas.com.br
Telemarketing e SAC: 0800-7010081